JN025277

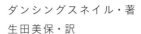
ダンシングスネイル・著
生田美保・訳

ほっといて欲しいけど、ひとりはいや。

寂しくなくて疲れない、あなたと私の適当に近い距離

CCCメディアハウス

PROLOGUE

　幼い頃から群れに混じるのが苦手だった。学校ではクラス
メイトという水の中でひとりだけ油のしずくとなって浮遊し
ている気分だった。大人になれば人間関係が自然と難しくな
くなるだろうと思っていたが、とんでもない。気を遣うこと、
わきまえておくべきことが増えるだけで一向にやさしくなら
ない。ケータイでメッセージをやりとりするとき、最後の
挨拶はどのタイミングで切り上げればよいのか。仕事の話を
するときにスタンプを送ってもよいのか。１〜２年に１回し
か連絡しない友達の結婚式には出るべきか。ご祝儀はいくら
……、といった悩みが新たに生じた。

　そういうことで頭がいっぱいになると、クレヨンで塗りつ
ぶした画用紙の上からさらに色を塗りつけている気分になる。
あれやこれやで心がすり減っているときは、ますます人が嫌
いになり、一週間くらい口をきくのもイヤになる。関係エネ
ルギーが底をついているサインだ。人間関係のデトックスを
しなくてはいけない。

　みんな、ちょっとずつそうなんだろうか。人より猫、犬(あ
るいは植物や無生物)にはまる人が圧倒的に多い最近の世相

も、これを表しているのではないかと思う。にもかかわらず、ひとりで生きていけるフリをしている自分が実はいかに軟弱で他人に依存した存在であるかをつねに目の当たりにするので、本当に矛盾している。芸能人の死亡記事や知人の結婚式といったことが心に波風を立てる。人というのは、まわりの人の人生、さらには生まれてこのかた一度も会ったこともない誰かさんのニュースとも、まったく無関係には生きられない。

　しかし、そうやって人に疲れながらも、人間関係からしか得られない満足感をつねに渇望している。だから私は、人に会っても消耗せずに自分の生活とのバランスを保つための、自分に合った人間関係対処法をいくつか守っている。昨年から続いているルールのひとつは「嫌いな人と義務感で会わないこと」。簡単そうに聞こえるが、実践するとなると考慮することがたくさんある。どの程度嫌いな人までで区切るか、どこまでが義務感なのか、基準を見つけるのが意外と難しい。あれもイヤこれもイヤと言っていたらひとりよがりになってしまうのではという不安もある。けれど、そういうときこそ自分の心に最大限に耳を傾ける。

ストレスが多い時代のせいか、数年前から「小確幸」※が流行している。しかし、ストレス状況を受け入れてから解消法を探すより、最初からイヤなことはしないように努力したほうが、心穏やかに暮らすのにはるかに効果的だと気づいた。その努力の一環として、自分の精神衛生に少しでもネガティブな影響を与える関係は適当なところで終わりにする「関係ミニマリズム」を実践している。誰にとってもいい人になろうとは思っていない。自分の心が楽ならば、他人が下す評価は気にしないことにした。すでに人生の大部分を、他人の顔色をうかがい、壊れた自尊心を回復させることに費やしてきたので、残りの人生はもうそうやって生きたくはない。

　これからは、いい人にも人気者にもなりたくない。それよりも、自分のものさしでもっと幸せな、心地よい人生を生きることにエネルギーを集中させたい。やりたいこと、会いたい人、書きたい文章、描きたい絵をもっと重視して。そのために、しなければいけないこと、会わなくてはいけない人、書かなくてはいけない文章、描かなくてはいけない絵に費やす時間を最小化する。それが自分にもっと合った生き方のように思う。

水をたくさん飲むのがダイエットによいと聞いて毎日２リットルずつ飲んでいたら手に湿疹ができた、という知人がいる。病院に行って原因を尋ねたところ、今まで飲んでいなかった水をいきなり大量に飲んだので、それが体外に出てきたのかもしれない、と言われたそうな。人間加湿器になったのかと大笑いしたが、そこから大切なことに気づいた。みんながいいというものが、必ずしも自分にもいいわけじゃないんだ、と。

　人によって、状況によって、楽でいられる関係の種類と範囲は異なる。ある関係に水のように混じれないなら、油のしずくのまま生きればよいのだ。自分を変えてまで、その集団に溶け込もうとムリはしないつもり。会わなくてはいけない人より、会いたい人に１回でも多く会って生きていきたい。

　適当に近い距離で、それほど優しいわけでもない私を理解してくれて、そばにいてくれる家族、友人、知人に、心からありがとうと伝えたい。

※小さいけれども確かな幸福の略。村上春樹による造語。

CONTENTS

PART 02
全員と仲良くしなくても大丈夫

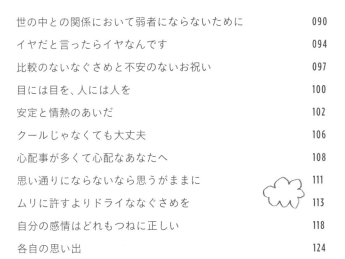

PART 03
人にはいつだって人が必要

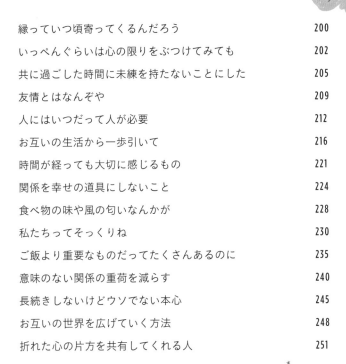

PART 01

近すぎず
遠すぎず

領域侵犯

いくらいい言葉でも

相手が望んでいないときに
その領域を侵せば

きみ、そんな風に
生きてたら
まずいと思って
準備してきたよ

ただの余計なお世話。

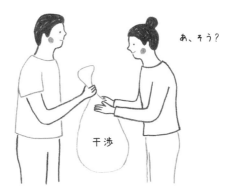

あ、そう？

干渉

いいアドバイスは
相手から求められたときにのみ
完成する。

干渉は結構〜

TRASH

人は主体性と独立性を失わないために、完全に自分自身に集中できる自律的な空間が必要である。これをドイツ語で「シュピールラウム（Spielraum）」と呼ぶ。ところが韓国語には、このシュピールラウムを正確に伝えられる単語がないという。概念が存在しなければ、その概念に該当する現象も存在しない。

だからだろうか。パーソナルスペースの重要性が多少軽視されている韓国文化の中では、とにかく日常でこれを侵害されることが多いように思う。電車やバスで隣の人におかまいなしに大股開きで座ったり、まわりの人を押しのけて歩く行為を特に無礼と感じない人が多い。こういう社会では、他人の心理的なスペースに対する境界がゆるいのも仕方がない。

もし、誰かが自分の家に遊びに来て、断りもなしに冷蔵庫の中をひっかきまわし、寝室のドアを平気でガバッと開けるなら、その瞬間、それは訪問ではなく侵犯になる。日常生活で物理的な安全スペースを侵されたときの不快感。それは心に置きかえても同じ。自分の考えを他人に強要することは、その精神世界、すなわち心のスペースを侵すようなもの。それが、どんなに相手を心配して言うことであってもだ。

他人のスペースをむやみに侵してはならないように、人の

心に立ち入る発言と行動にも気をつけなくてはいけない。**アドバイスはタイミングだ**。頼まれないうちは、いくら血となり肉となる人生の真理であっても、言わなくてよし！

「へぇー、そうなんだ」と
「イヤなら別にいいけど」

なにもかも自分の思ったようにいかなくて

人にがっかりするのにも
疲れてきたときは

変な人

今だけのガマン…

「へぇー、そうなんだ」と「イヤなら別にいいけど」が必要。

知ったこっちゃない〜

私の考えは
違うけど?
ま、お好きにどうぞ

　残念な人たちに失望させられること数知れず。もちろん、これが自分にだけ起こる特別なことでないことは知っている。それでも、毎日のようにニュースやSNSから聞こえてくる、人類愛を消滅させるような重い出来事にさらされていると、しまいには人を嫌いになる瞬間にぶち当たることになる。一種の人間アレルギーが出る感じとでも言おうか。

　自分でも到達できない、過度に理想主義的な期待をまわりの人たちと世の中に抱いていたせいもある。新しい人と出会ったとき、私たちはありのままの姿を見るより、そこに幻想と期待を上乗せする傾向があるから。もちろん、そういう肯定的な態度が悪いわけではない。ただ、関係を続けていく中で生まれる漠然とした期待と現実とのギャップを埋めるために、この2つだけは覚えておくと精神衛生によい。

「へぇー、そうなんだ」と「イヤなら別にいいけど」。

　理解しがたい状況や他人を謙虚に受け入れ、かつ、対等な立場で自分の意見を伝えるための、私なりの対処法だ。この2つさえ覚えておけば、変な人に出会っても（もちろん「変」の程度によっては時間がかかるだろうが）心を楽に保つことができる。

健全な関係のための

「適当」の技術

　誰かに失望したときや、満足のいく結果にならなかったときは「へぇー、そうなんだ」とやり過ごし、意見を言わなくてはならないときは「イヤなら別にいいけど」という盾を準備しておこう。人類愛の消滅寸前の段階で自分の心を救い出す方法は意外と簡単。

いい感じのキムさん

本当に好きなのかよくわからないとき

もしもし　　　　　うん、久しぶり！

自分の心を知る最も確かな方法は

相手の小さな提案が面倒くさいかどうか

「面倒くさがり測定器」を心に当てて
じっと耳を傾けてみること。

人間関係を整理するためのリトマス紙として「面倒くさいかどうか」ほど優れたものはない。人は、多少面倒くさいことでも、好感を持っている相手となら喜んでやる傾向がある。もし、誰かさんと一緒に時間を過ごすことが面倒くさいかどうか、考えることすら面倒くさいとしたら？　その人との縁は思い切って手放すときが来たのだ！

　選択と集中が何よりも重要な世の中。「ときめかないなら捨てろ」とも言うではないか。だから、遅々として進まない関係をいくつも抱えてぐずぐずしているよりは、「人間関係ミニマリスト」になったほうがよいのでは？
　もしかして、返信するのが面倒くさいメッセージがケータイにいくつもたまっていないだろうか。もしそうだったら、そのメッセージの送り主さんとの関係から整理を始めてみることをおすすめする。

しんどいときは
しんどいとアピールしよう

あ〜、今日も頑張った。
夜、なに食べようかな

もしも今日、平穏に満足のいく一日が
過ごせたとすれば

当然ながら、あなたのまわりの誰かは
とてつもない 気遣いをしている。

平穏な今日は誰かの気遣いと親切なしには
絶対に作られない。

かつて「ヤバイ奴質量保存の法則」という言葉が流行した。どこにでも必ず一定の割合でヤバイ奴が存在し、既存のヤバイ奴がいなくなると、それまでまともだった人が突然イカれたことをしだす、というもの。もし、いくら考えても自分のまわりにはそんな人はいないというのなら、ほかでもない自分自身がそれである可能性が高い。

　この笑い話は、集団内での関係において私たちの心理がどのように働くかを説明している。人はたいてい、自分の立場から世の中と他人を見ている。だから、**気を遣われることに慣れている人ほど**、**相手のガマンを見落としがち**。単純に、自分が楽だから相手も楽だろうと感じてしまうのだ。反対に、気を遣ってばかりいる人は、自分がしょっちゅうガマンしているので、相手のガマンにも敏感になり、自ずともっと気配りをするようになる。だから、俗に「ヤバイ奴」と呼ばれる自己中心的な人であるほど、他人の気配りにも、ガマンにも気づかない。

　どうせ「ヤバイ奴」のために犠牲になり、配慮をしなきゃならないのなら、わざとらしくアピールもして、つらければつらいと言おう。言葉に出さずにわかってもらおうとするより、そのほうがお互いに気を遣える近道になるだろうから。

中二病を治してマナーのある
社会構成員になる方法

それで、部長が
最初からやり直せって言うの〜

うーん、客観的に見て
それは部長が正しいよ。
だから最初からちゃんとやっとけよ〜。
こんなこと正直に言って
くれるの俺くらいだぞ

1. カッコつけたつもりのダイレクトな表現が
他人を傷つけることがあると認知すること。

俺って遠回しな表現が
できない性格じゃん。
理解してくれるよな?

言ってはいけない言葉
失礼な言葉
ひどい言葉

濾過器

脳にこれ
必要かなって…

2. フィルターを通さずに言いたいことを全部言って
おいて理解してもらおうとしないこと。

子供は何歳?

あ、まだ結婚も
してないんですけど…

3. 立ち入った質問ではないか
口に出す前に考えること。

ここまでのみ、お近づきになりましょう

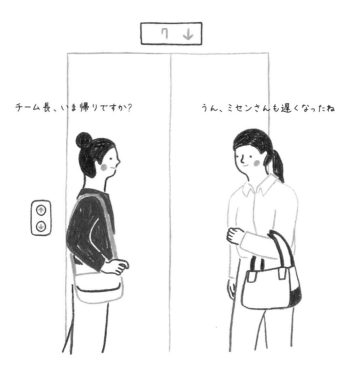

かわいがられたい。

親しくしたい。

でも、近づきすぎるのはイヤ。

〰️

　仕事で出会った人とは、いくら親しくなってもプライベートで友達にはなれないと思う。仕事をするときの私と、友達といるときの私はまるっきり別人だから。思わず感情的なところを見せてしまってキャリアに影響が出るのではという心配から、意識的に距離を置くようになる（すでに何度か境界線を越えて失敗もしたため、より慎重になる）。

　イラストの外注作業や文章を書く仕事をしているので出版社の関係者とよく連絡を取るのだが、ある日、編集者とかなり親しく過ごしている作家たちがいることを知った。そういう温かいビジネス関係を見ると、相対的に自分は担当編集者と距離を置きすぎにも思えて、対照的だった。特にそういう関係を望んでいるわけではないのに妙に羨ましくもあり、自分があまりにガチガチで非人間的なような気もして、頭が混乱した。いくら考えても、性格上、仕事で出会った人たちとそういうつきあい方をするのは気を遣いそうだけど。

　仲良くなりたいけど、仲良くなりすぎるのも御免なビジネス関係。私たち、ここまでのみお近づきになりましょう。

私に合わせていただけますか

他人が自分に合わせてくれるのを

当然のように期待する人もいれば

相手にいつも合わせないと
心が落ち着かない人もいる。

関係において自分の欲求を過度に抑えて
相手に従うのって

もしかしたら、相手に
私のことを知り、合わせてみる、

やっぱり家が最高

会うと楽しいんだけど
なんでこんなに疲れるんだろ…

機会さえ与えないってことなのかもしれない。

「韓国で生きていくことの難しさ」について語る、ある外国人のインタビュー映像を見たことがある。好奇心で見始めたのだが、思ってもみない新鮮な衝撃を受けた。

　「カフェで韓国語で注文すると、みんな英語で答えるんですよ。私に韓国語を練習するチャンスをくれないんです」

　振り返ってみれば、私が国内で外国人に会ったときもそうだった。未熟な語学力のせいでちゃんと答えられないのではないかと緊張するばかりで、旅行者が韓国語を使ったり勉強することなどまったく求めていなかったし、期待もしていなかった。私なりに外国人を思いやっての行動だったが、それぞれの立場によって受け取られ方が変わるなんて、ちっとも気づかなかった。

　そうやって接してきたのは外国人だけではない。きわめて親密なあいだ柄を除いたほとんどの関係において、いつも相手の意見や要求を優先して、それに合わせるほうが楽だった。長女として、幼年期から求められてきた一番の美徳が「譲ること」だったせいだろうか。それが自分の慣れた、唯一といえる交流スタイルだったので、楽だと錯覚してきたのかもしれない。結局は自らが楽だと感じるやり方で行動しながらも、心ではいつも自分のほうが合わせてやっていると感じる認識

の罠にはまっていた。

　そんなわけで、人間関係からくる疲労度が高まり、見返りを求める気持ちが大きくなるばかりで、いくら時間が経っても関係が深まらなかった。だって、一度としてまともにお互いの要求をすり合わせてみたことがないのだから。

　自分の立場を基準として行った配慮は、ときに、その意図が思った通りに伝わらないことがある。**たまにはこちらの要求を正直に表現して、相手がこちらに合わせてみるチャンスを提供してはどうだろう**。それがむしろ、関係を長続きさせるための方法のひとつかもしれない。自分が本当に望むものがなんなのか、自分はどう思っているのか、言葉にして伝えなければ誰にもわからないのだから。

「積極的」でも「消極的」でもない理由

過度な関心はうっとうしいけど

かといって、透明人間になるのもイヤで

派手なのが好きだけど
誰かに気づかれるのはイヤ

人に会うのは好きだけどイヤ

シャイな
かまってちゃん

関心を持たれるのは
恥ずかしくてイヤだけど
うれしい

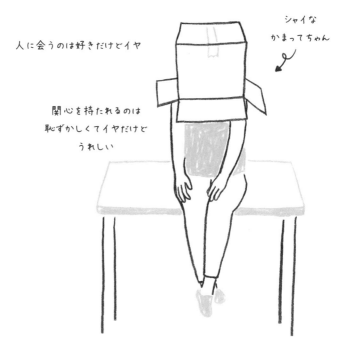

積極的と消極的のあいだ、
そのどこらへんかで生きています。

私は、恥ずかしがり屋だがつねに若干の関心を持たれたい、言うなれば「シャイなかまってちゃん」。だから、ときどき陽キャたちが羨ましいことがあるけれど、かといって、あまりに目立ったり先頭に立つのは好きでない。誰かが関心を持ってくれることをひそかに願いながらも、いざ関心を向けられると、すぐに負担になって、逃げたくなる。なのに、無愛想な人に出会うと、なぜかこちらから近づいていって、目に見えない壁を壊してみたい衝動にかられたりもするから厄介。

　私だけでなく、たいていの人たちは相手や状況によって態度がころころ変わる。これは、2人以上の人間が集まれば必ず「関係に流れが生じる」ためだ（心理学ではこれを集団力学という）。

　たとえば、人間と人工知能の愛を描いた映画『her／世界でひとつの彼女』で、主人公セオドアとOS（人工知能のオペレーティングシステム）であるサマンサは、綱引きをするように押したり引いたり駆け引きを繰り返し、関係の流れを作っていく。その過程でサマンサは人間の共感能力を学習し、自ら発展していく。OSでさえそうなのだから、**人間関係の中で自分の行動や性格が固定的でないのは、きわめて自然な心の動きといえる。**

　「関心の流れ」も同じこと。私たちは生涯にわたって、他人

の過度な関心と無関心のあいだで関係のバランスを取るための旅を繰り返す。その過程はつねに楽しいことばかりではない。けれども、それによって人生がより多彩に、意味のあるものになるというのは否定できない事実ではないだろうか。

健全な関係のための
「適当」の技術

　誰かに避けられると近づきたくなり、近づいてくると避けたくなる心理は、ちっとも変ではない。陽キャか陰キャ、どちらか一方に自らを規定するより、自分をとりまくいくつもの関係の中で、もう少し自由に泳ぎまわるように生きても大丈夫。

探すと見つからないヘアピンのような人

普段はじゃまなほどゴロゴロ転がっているのに
いざ必要になると出てこないものがある。

ヘアピン、シャー芯、リップ、傘、それから…

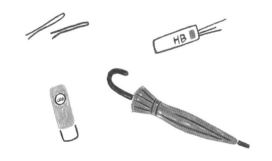

連絡したときに限っていつも忙しいあの人。

必要なときに一緒にいられないなら、
最初からいないのとどこが違うんだろう。

あちこちに転がっていたヘアピンでも、いざ必要なとき
に出てこないなら、役割を充分に果たしているとはいえな
い。人も同じ。どこかにいたはずなのに、いざというときに見
つからない、そんなヘアピンのような人が周囲に必ず1人は
いる。その人が私を必要とするときはすぐに連絡がつくのに、
私がその人を必要とするときはなかなか連絡がつかない。し
かも、それについて不満をこぼすと、依存体質扱いされる。や
い、この使えない人間め。少なくともヘアピンは私を孤独な
気分にさせはしないぞ。

　必要のないときだけあちこちに転がっているヘアピンが別
にありがたくもないように、必要なときに当てにならない人
がたまたまそばにいても、その大切さを記憶しておくのは難
しい。だから、そんなヘアピンみたいな人を失わないように
ひとりで頑張らなくても大丈夫。**必要なときにいつもいない
人なら、最初からいないほうがマシ。**

愛が終わる些細な理由

愛は

大したことない理由で始まり

これまた些細な理由で

これめっちゃ面白い
教えてやろうっと〜

あ、そうだ、
別れたんだった…

終わりを迎える。

別れたって？
なんで？
なんかあったの？

ううん、別に…
ちょっと重くて

忘れる権利

〉〉

ホントになんてことなく普通に過ごしていたのに

SNSの通知ひとつが
今日この一日をかき乱す。

3年前の今日

元気そうなあなたの姿よりイヤなのは

また明日〜

お先に
失礼します

こんなにも気を取られている私自身。

忘れることも忘れられることも
自由にできない。

たまに、「知り合いかも」、「〇年前の今日」といったSNSの機能がデジタル時代とビッグデータの弊害のように感じるときがある。懐かしさで胸がいっぱいになることもあるけれど、予期せぬタイミングで現れて、思い出したくない記憶をよみがえらせたりするから。

　限りなく軽いようでいて、いざ切ろうとするとなかなかスパッと切れないのがデジタル世界での関係。どのくらいの重さ／軽さが適当なのか。どうすれば、うまく保存して、うまく整理できるのだろう。**「ブロック」を押せば、本当に終わるのだろうか。**

　心を許した人たちのせいで気持ちがざわざわすること。どうしようもないことだとわかっているけれど、やっぱり大丈夫じゃない思い出もある。

　忘れる権利、忘れられる権利が切実に求められる今日この頃。

二度と会わない人に

二度と会わない人には

非難のエネルギーを惜しもう。

非難は

自分の欲求を

最もみじめに表現する方法。

...

ハロー！
私は他人の中にいる
あなた自身のイヤな姿

親しい友人を思い浮かべてみると、なぜだか、自分に似た人より、反対の性格を持った人のほうが多い。自分自身を他人とすぐに同一視する傾向があるため、自分とは違った人たちの面々には寛大なほうだが、自分が短所だと思っている部分を同じように持っている人と仲良くするのははるかに難しい。なので、誰かに対して怒っていても、実は心の奥底で自分自身に腹を立てていることがある。

　ある対象に向かったネガティブで敵対的な心は、感情転移によって、結局自分自身を痛めつけることになりやすい。また、たいていの人は自分の正しさを立証するために他人を非難して怒りを表出させるが、相手を激しく非難するほど、むしろ相手にあの人は感情調節が下手なヤバイ人だと言われるきっかけを与える格好になることも。

　それでもどうしてもブチ切れずにいられないなら、まずそれが自己非難の裏返しではないか、本当に必要な主張か、区分してみる必要がある。**自分の評判にキズをつけ、エネルギーを消耗してまで怒るほど、相手が自分にとって大事な人か、もう一度考えてみよう。**自分の貴重なエネルギーを誰かを嫌うことに使うより、できれば、好きな人のためにとっておくほうがよくないか。だから、二度と会わない人の前では、しばし非難の心をしまっておこう。

人づきあいが難しい人たちのクラブ

誰かと「人づきあいが難しい」というテーマで
会話をする段階になると

急激に連帯感と結束力が生まれる。

しかし、時間が経つにつれ
その連帯感は細分化され

互いに理解できなくなることもよくある。

〉〉

　共通点が一切ない人たちをひとつにまとめてくれる「公共の敵に対する悪口」。それに次ぐ会話のテーマとして「人間関係の悩み」ほどのものもないだろう。世界一の陽キャや王様だって、人に関する悩みのひとつやふたつは持っているものだから。

　けれども、私にとっては、そこそこ信用できる人でなければちょっと切り出せない領域の話である。なので、誰かに人間関係の悩みを打ち明けるというのは、すなわち「私たちはお互いに信用できるあいだ柄ですよ」というメッセージでもある。

　本心は伝わるもので、こういう会話の段階を経てできた固い結束は、ほかの関係に比べて、時間（とき）とともに確実に味が深まる。残念なのは、**いくら強く結ばれていたあいだ柄でも、それぞれが置かれた状況によって悩みや関心事が変わってくる**ので、また薄くなることもある、ということ。

　人って、いったいなんだってこんなに難しいんだろう。何度経験しても、慣れるだけで、なかなか簡単にならない。

心のひもじさ

⌄

眠れない深夜

冷蔵庫を
何度開けてみても

満たされるようなものは
見つからない。

ひもじいのはお腹じゃなくて心だから。

結婚式で会う同級生

顔はなんとなく覚えているけど
名前はぜんぜん思い出せなくて※

とりあえず懐かしいフリはしちゃったけど
話すこともなくてぎこちないとき

学生時代の自分にちょっと戻ってみる。

あの頃はそうそう、そうだった。
私たち、今はずいぶん違った
生き方をしているね。

※韓国の結婚式はたいてい自由参加で席次表もない。

もともと名前をよく覚えられないほうなので、ずっと連絡をしていなかった同級生に会うと、甚だぎこちない。申し訳ない気持ちから、名前を忘れていないフリをして、昔の話に無理やり花を咲かせて食事をする。

学生時代は、その集団が唯一かつ巨大な世界のように感じていた。けれど、いろんな出来事を経て、皆それぞれの人生を生きている姿を見ると、当時はなぜあんな小さな集団内での関係に執着して苦しんでいたのかと思う。

最後まで名前を思い出せなかった、おそらく今日以降再び会うことのないだろう昔の友達と、にこやかだけどうわべだけの挨拶を交わした後、妙な物悲しい気分に包まれて帰宅する。

ドキドキと引き換えに差し出すもの

12月の合コン

コート

ダウンジャケット

はぁ…
約束キャンセルしたい（涙）

アグブーツ

ハイヒール

7月のデート

「ドキドキ」を取るか、「らくちん」を取るか。

はぁ…
約束キャンセルしたい…

家で過ごすことが大好きな「ウチ族」や極度の面倒くさがり屋にとって、真夏または真冬に誰かに会いに出かけることは、すなわち「本命」を意味する。天気がいいから、天気がよくないから、天気がフツーだから家にこもっていたいという欲望に支配された人たち。彼らが首まわりが伸びたＴシャツの快適さや、もこもこのマイクロファイバーのパジャマのぬくもりからはい出して「**おしゃれという労働**」を選択するには、ほかの人たちの何倍もの情熱が必要、ということ。少々のことでは面倒なことより孤独を選んでしまうので、いっぺんときめいてみようと思ってもなかなか容易ではない。

このままがいいんだけど

恋愛しないの？

うーん…
この年になるとやっぱり
結婚を前提につきあいを
始めないといけないじゃん？

結婚はしなくても
誰かを愛することは
できるじゃない

だとすると、そのゴールは
結婚じゃなくて別れなんだけど、
結婚もイヤだし、別れもイヤで…

私も自分以外の生命体に
責任を持つ自信ない

今のままがいいんだけど、
ただいいだけじゃダメなのか?

徐々に心を閉ざすことになる理由

些細な選択と判断を尊重してもらえない
関係においては

徐々に心のドアを閉ざすことになる。

私、YouTube始めようかと思って

えー、それって犬でも猫でも
みんなやるもん?

もう遅いよ
レッドオーシャンだよ〜

そういうのが積み重なっていくと
自分の存在そのものまで否定されてしまうので、

私がやりたいことは
全部ダメって言うのよ〜

なにそれ
そんなの無視！

ときには誰かの選択に共感できなくても

えー、めっちゃ感動〜
やっぱ、あんたしかいないわ

気にすることないさ。
自分の思うままに
やるのがいいって〜

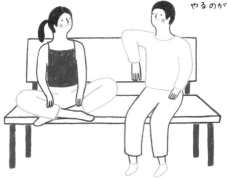

その選択を尊重する心があれば
それで充分。

⌄

　反抗期と呼ぶような時期を特に経験することなく育ったせいか、遅れてやってきた「大人の反抗期」は激しかった。その頃の私は、まわりの人たちとの人間関係において、何事につけても意固地になった。傷ついたプライドをひねくれた方法で証明することにムダにエネルギーを消費し、本当の内面の声に耳を傾けることができなかった。今思うと、とても痛々しい。

　どんなに些細なことでも、自分の選択を尊重してもらえない経験が重なると、しまいには、自分が本当に望むものを見つけるより、自分の意見が認められるまで反抗することに一生懸命になる。つまり、相手の意見をへし折って自分の意見を押し通すことだけが目標になってしまう。

　そんな経験が続くと、自分の選択に確信を持てなくなってくる。それで、新しいことを試したり挑戦するのにもひどく不安を感じて、ためらうようになる。もはや自分自身を信じられなくなっている。

　海外ドラマオタクの私が最も好きな表現のひとつに、'I understand you, but…'（あなたを理解します、でも…）がある。**相手の意見に反する話がしたいときは、まず最低限**

の理解と尊重を示すのがよいと思う。 それだけでも、あなたがその関係をどれだけ大切に考えているかが伝わるはずだから。

───────────────── 健全な関係のための ─────────────────
「適当」の技術

　もし周囲に自分の自尊心を傷つける人がいて、その態度が簡単に変わりそうもないなら、せめて自分が本当に望むものが見つかるまで距離を置いてみよう。私たちに必要なのは、ただ尊重することと、心からの応援かもしれない。

───

「愛しているから」という別れはない

この世で最も怪しい言葉がある。

「愛しているにもかかわらず別れる」
ことはあるかもしれないが

「愛しているから別れる」ことはない。
この世のどこにも。

君を愛しているから…

うるさい
黙れ

愛しすぎる人たち

愛してる

私も愛してる

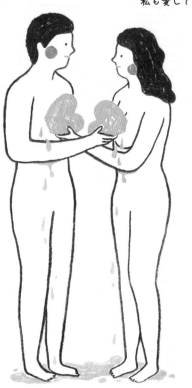

「これは君をとても愛しているからだよ」

　健全なあり方ではないと頭ではわかっているのに、無意識のうちに愛する人を傷つける発言や行動をしてしまうときがある。親密になるほど、全部知りたい、共有したいという気持ちから、相手を傷つけ、そのことで自分もまた心を痛める。

　振り返って後悔しながらも、習慣として染みついてしまった心ない行動によって、お互いに傷つけ傷つけられを繰り返す。まるで親密であることが、言いたい放題やりたい放題どんなことでも許されるフリーパスチケットであるかのように。けれども、気分のままに表現する自由ばかり求めて、相手に対する思いやりや尊重がなくなると、自由を失う前に「人」を失うことになるかもしれない。ハートの先っぽのとがったところは相手を突き刺す鋭いヤリにもなる。**誰かが「君を愛しているから」という前提であなたを傷つけているなら、それは愛という仮面をかぶった暴力に過ぎない。**

――――――――――――― 健全な関係のための ―――――――――――――

「適当」の技術

　愛し合っているから、親密だからといって、なんでもかんでも言ったりやったりしていいわけではない。個人のいかなる自由も、それが誰かにとって暴力になってはいけない。

大丈夫じゃない時間をやり過ごす

モノを買ったり

ストレス性の
衝動買いのあと

美味しいものを食べることで
元気にならないときは

ありがとうございます

出前です

本当にどうしたらいいかわからない。

誰かちょっと教えてください。
元気になる方法。

涙にぬれたチキン

喪失を経験したことがある人ならわかるだろう。「別れに対処する方法」をいくら検索してみても、これといった解決法は見つからない、ということ。喪失感があふれ出ないようにあちこち塞いでみても、その場しのぎに過ぎない。心は、大切なものは簡単に手放してはいけないと、再びそんなことをした日にはまたこの苦痛の繰り返しだと厳しく教えてくれる。

　残忍な言い方だけど、**喪失感から簡単に立ち直る方法は特にないように思う**。つらい時間をただやり過ごす。今のところ、これよりいい方法は見つかっていない。

つねに明るい人じゃないことが
バレないかと

〉〉

どんな集団にでも空気みたいに
自然に溶け込む人がいる一方

新しい集団に入っていくことに
とてもストレスを感じる人もいる。

でも、きっと、ぎこちないのは
私だけじゃない。
あちらも私を警戒中のはず。

…

そんなときはムリしないで

時間をかけて徐々に溶け込もう。

　人見知りをするほうだが、実は初対面より2回目、3回目に会ったときのほうが難しい。1回会って終わりの人たちの前で1日くらい本来の自分と異なる「見せたい自分」を演じるのは、さほど難しいことではないから。むしろ、お互いに顔は知っているけどまだそこまで仲良くない時期が一番気を遣う。時間が経つにつれ、最初に演じていた自分がニセモノであることがバレるのではないか、実際はたいしてステキでもないし、いつも明るいわけでもないことがわかったら、私と仲良くしたくなくなるのではないかと心配になるので。

　そんな心配はつねにぎこちなさを生み、しまいには、なにを話しても空回りするようになってしまう。こちらがガチガチに凍っているので、相手も一層こちらに近づきにくくなるのだ。ここで、不安な気持ちで焦って親しくなろうとムリをすると、さらに関係がぎくしゃくする可能性が高い。

　そういうときは、いかに自分自身にのみ関心が向いているかを考えてみるようにしている。

　「どう見られるかを気にして凍りついてしまうなんて、どれだけ自意識過剰なんだろう」

　こんな観点から考えてみると、実は私だけじゃなくて、ほとんどの人が自分のことを気にしていることがわかる。そし

て、**相手も同様に、こちらを警戒する段階にあるのだ**という
ことも。おそらく相手も私のことをゆっくり探索しているは
ず。ここまで考えが至れば、やっと相手の心が見え始める。私
たちは相手が警戒を解いて心を開くまで、ただ時間をあげれ
ばよいのだ。もちろん、自分の心も少し開いて。

「いい人」と「悪い奴」

誰かにとっての愛すべき家族が

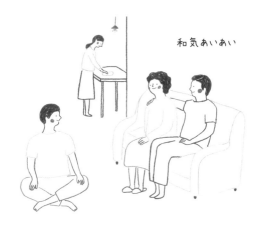

和気あいあい

誰かにとっては気を遣う夫の実家だったり

...

誰かにとっての「ポンコツ車」が

私たち
別れよう

誰かにとっては「ベンツ」になる。

ラブラブ

「オトナ」になるっていうのは
他人の立体的な姿を発見して
受け入れていくこと。

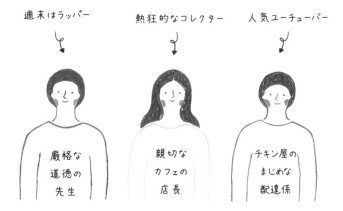

週末はラッパー

熱狂的なコレクター

人気ユーチューバー

厳格な
道徳の
先生

親切な
カフェの
店長

チキン屋の
まじめな
配達係

人の心というのは実に妙だ。仕事で絵を描くたびに、誰にでも一目でわかる私だけの持ち味を出せるようになりたいと思いながらも、誰かに私の絵だとわかったと言われると、急に怖くなる。ひょっとしてひとつのイメージが固まってしまうのではないかと不安になるのだ。それなのに、まわりの人たちのことは習慣的に平面的なイメージでとらえている。

　子供の頃に「私のおばあちゃん」でしかなかった人が、大きくなってみたら、実は誰かにとっては「義理のお母さん」であり、「実家のお母さん」でもあるということがわかってきたとき、少なからず驚いた。認めたくなくても、**私にとってはパッとしない相手が、誰かにとってはこの世にまたとないロマンチストになり得る**ということも、認めないわけにいかなかった。

　世の中には「いい人」と「悪い奴」だけが存在するわけではない。私だって、属している関係の中で誰に対してもいい人であるはずなどない。その事実をありのままに受け入れるならば、とうてい納得がいかなかった関係も少しは寛大に理解できるようになるかもしれない。

PART 02

全員と
仲良くしなくても
大丈夫

世の中との関係において
弱者にならないために

いつも私が訪ねていって

いつも私が時間を合わせ

私はどうしていつも後まわしなんだろう

つかない「既読」

その問いの答えはもう探さないつもり。

もう弱者の立場はやめることにした。

〜

　そんな風にしなくてもいいとわかっているけれど、関係においては、心が広い人のほうがどうしても立場が弱くなるように思う。恋人だけでなく、友人知人、同僚との関係においても、お互いに対する態度に微妙な高低差があるように感じるときがある。

　もしかして、相手の小さな親切に過度な意味づけをしたり、反対に、相手の何気ない行動にひとりでやきもきしてはいないだろうか。そんなことがよくあるなら、あなたはその関係において自ら下に出ている可能性が高い。

　人間関係の絶対的な幅が狭まる時期には、いっそう孤独に弱くなりやすい。狭い中で人を求めるので、まわりのすべての関係がその存在だけでありがたく感じることもある。

　もちろん、相手を大事にし大切に扱う方法は人それぞれ異なる。けれども、相手がその関係において自分ばかり優先するのであれば、その存在自体にまで感謝する必要はない。すべての関係はギブアンドテイクではないか。相手も私との関係において得ている価値が必ずあるはずなので、誰かが自分に声をかけてくれるということだけで、借りを作ったかのように振る舞う必要はない、ということだ。

　関係を結んでいる相手や状況によって、自分自身の立場や

態度も自然と変わる。意図していなくても、私もかつて誰か
にとって強者であったり、今まさに横暴を働いているかもし
れない。だから、かつて弱者だった、あるいは今現在弱者であ
る自分を過度にかわいそうに思う必要もない。

　ただ、今、ある関係において弱者の立場に甘んじているな
らば、そんな態度がその次の関係、さらには自分自身との関
係につながり、人生そのものに影響を与える可能性もある、
ということはぜひ覚えておきたい。**自ら弱者の役割を脱ぎ捨
てなければ、自分でも気がつかないうちに世の中から不当な
扱いをされてしまうかもしれないから。**

イヤだと言ったらイヤなんです

失礼な人にイヤな気分を伝えたとき

遅いよ〜
なにかあったの？

道が混んでて〜

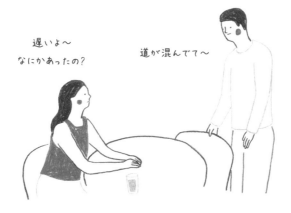

相手がまったく謝るそぶりを見せないと

遅れるなら
先にそう言ってよ〜

こっちが悪い人になったような気になる。

なんでゴメンねって
言わないの？

大したことないのに
なんでそんなにこだわるの？

ただその人が失礼なだけなのに。

ああ、ひどいやつ…！

悪いのはそちらのくせに、こちらを申し訳ない気持ちにさせる神秘なる能力を持った人たちがいる。彼らは私の不快感に「神経質だ」、「おおげさだ」というレッテルを貼る。自分は悪くないと頭ではわかっていても、その言葉を聞くと、心が縮こまって確信が持てなくなる。それで、まわりの人たちに聞くことになる。

「こういうことがあって、イヤだなって思ったんだけど、私が神経質なのかな」

そして、ほかの人だったら同じ状況にどう対処しただろうかと思い悩んで、人生を浪費する。

王様じゃなくたって、イヤだと言ったらイヤなのだ。**イヤだと思うことに他人の許可はいらない**。このお節介な世の中で、少なくとも自分の感情にだけは、ありのままに存在する自由を与えてあげよう。

――――――――――― 健全な関係のための ―――――――――――
「適当」の技術

自分がほかの人よりちょっと過敏だとしても、それは感情を否定される理由にはならない。イヤな状況になったら思い出そう。「私がイヤだと言ったらイヤなんです」。

比較のないなぐさめと不安のないお祝いを

苦しんでいる友人に伝えたなぐさめや

心をこめた応援の裏側にひそむひんやりした感情に

自分がイヤになり失望した日がある。

ああ…私ってホント
偽善的で憎たらしい…

他人との比較の後に残された
しょうもないなぐさめ、または不安。

心よ、いつからこんなにやせ細ってしまったの。

誰かを心からなぐさめたり祝ってやれない自分に失望することがたびたびある。他人の痛みに共感となぐさめの言葉をかけながら裏で思わず胸をなでおろしていたり、友人の成功を祝いながらも心の片隅に限りなく萎縮した自分の姿を見つけるときがそうだ。

　普段「オトナ」としてちゃんと生きているか自ら取り締まり、合格点の自分を見て安心するために走り続けてくるうちに、いつの間にか世の相対評価に慣れてしまったのだろうか。誰かを蹴落としてのし上がっていかないと自分の存在が危うくなるという不安から、心がやせ細ってしまったのだろうか。

　「比較」の最も怖いところは、現在の自分がなにをどれだけ成し遂げ、手に入れたかに関係なく、時間が経つほど習慣のように染みついてしまうこと。**真の自己肯定感は、比較を通した相対的な満足感ではなく、絶対的な自己承認によって得ることができる。**これを忘れなければ、愛する人たちに比較のないなぐさめと不安のないお祝いを投げかけられるようになるだろう。

目には目を、人には人を

呼び出しておいて
ケータイばかりいじっている人

なによ、いつも返事遅いのに
ほかの人にはすぐ返すの…?

「私に無礼な人」
→わざと無礼に接する必要はないが親切にする必要もない。

誰からも関心を
持たれようと
頑張っていたタイプ

山是山 水是水…

「私に無関心な人」
→こちらも敢えて気にしなくてよい。

「私を大事にしてくれる人」
→大事にする。

安定と情熱のあいだ

もうなんにもいらない！

ドン！

ただ安定した、一緒にいて
楽な人に出会いたい…

と言いながらも、
心の片隅では望んでいるのを知っている。

情熱的な瞬間を。

103

なにかのドラマに「恋愛は大人たちに明日を期待させる、将来の夢みたいなもの」というセリフがあった。心理的な安定、楽しさ、絆など、恋愛に期待する価値の優先順位は人それぞれ異なるが、誰もが共通して望むのはおそらく「面白さ」ではないだろうか。そう。恋愛は毎日を面白くするためにするものなのだ。いくらよくしてくれて、温かくて落ち着く相手でも、一緒にいて面白くなければ恋愛関係に発展するのは難しい。せめて、笑いのツボくらいは合わないと。

けれど、残念なことに、面白さの別の名前は不安定さであり、安定感の裏には必ず退屈がついてまわる。安定的で同時にダイナミックというのはあり得ないのだ。両方手に入れようとするのは、シンプルだけど派手なデザインを要求するクライアントみたいなもの、とでも言おうか。

こんな不可能な条件を求めているせいか、いつも私に「ぴったり」合う人はいなかった。実際は、私にぴったり合う人がいないのではなく、そんな条件を兼ね備えた人がそもそもあまりいないのだ。**安定感を望むならある程度の退屈さが伴い、面白さは外せないというのであれば、不安定さを受け入れる準備ができていなくてはならない。**あるいは、少なくとも自分はどの程度までなら不安定さに耐えられる人間なのかぐら

郵 便 は が き

141-8205

おそれいりますが
切手を
お貼りください。

東京都品川区上大崎3-1-1
株式会社CCCメディアハウス

書籍編集部 行

CCCメディアハウス　書籍愛読者会員登録のご案内
＜登録無料＞

本書のご感想も、切手不要の会員サイトから、お寄せ下さい！

ご購読ありがとうございます。よろしければ、小社書籍愛読者会員にご登
録ください。メールマガジンをお届けするほか、会員限定プレゼントやイ
ベント企画も予定しております。
会員ご登録と読者アンケートは、右のQRコードから！

■アンケート内容は、今後の刊行計画の資料として
利用させていただきますので、ご協力をお願いいたします。
■住所等の個人情報は、新刊・イベント等のご案内、
または読者調査をお願いする目的に限り利用いたします。

愛読者カード

■本書のタイトル

■本書についてのご意見、ご感想をお聞かせ下さい。

※ このカードに記入されたご意見・ご感想を、新聞・雑誌等の広告や
　弊社HP上などで掲載してもよろしいですか。
　はい（ 実名で可・匿名なら可 ）　・　いいえ

ご住所	□□□-□□□□	☎ 　－　　－		
お名前	フリガナ		年齢	性別
				男・女
ご職業				

いは知っておいたほうがいい。

　他人との関係を結ぶ前に、どうしても外せない価値はなん
なのか、自分なりの優先順位を決めてみてはどうだろう。

クールじゃなくても大丈夫

⌄

…それで
恋人とケンカしたの。
言いすぎたかな？

大丈夫、そういうこともあるよ。
好きだと感情的に
なっちゃうもんね…

恋をしているとき
理性的に判断して行動できない自分を
責めすぎないようにしよう。

私がちょっと
目くじら立てすぎ
なのかなと思って

ううん、私も人のことだから
こうやって言えるけど、
自分のことになったら同じだよ

理性的でいられる恋なんて、それって本当の恋？

実際には口に出して言わないだけで

クールな恋愛やクールな別れをしている人は
誰一人としていない。

心配事が多くて心配なあなたへ

ドキドキする気持ちさえあればいいとわかっているのに
不安が消えないときがある。

私はあなたを好きになったのに
あなたはそうじゃないという
結末を迎えるのではないかと。

あそこに
座って休もうか?

ただ軽い気持ちで会いたかっただけなのに

心を寄せすぎないほうがいいのかな、なんて
もう考えちゃってる。

心配事が多くて心配という人には、誰かと関係を始めるときにぜひ覚えておいてほしいことがある。まだ起きてもいない未来の出来事を前もって考えたところで悪い結果から自分を守ることはできない、ということ。むしろ、ネガティブな予測をした後の不安感から過剰な行動に出るなど、相手に負担を与えて関係が悪化するきっかけになりかねない。

　もちろん、幼い子供のように警戒心を持たずに最初から心を全開にするのが無条件によいというわけではない。新しい関係を始めるときに、いつ、どのくらい心を開くべきか心配することには、間違いなく自分を守るメリットが存在する。また、相手に心を開くのにどれくらいの時間をかけるかは、徹底して個人の選択でもある。

　ただ、**未来に対する漠然とした不安に、現在の関係から得られる大切な瞬間まで奪われないようにしてほしい。**先走る心配を、ちょっとくらい遅らせても大丈夫じゃないかな。

――――――――――――― 健全な関係のための ―――――――――――――
「適当」の技術

　心配は、本当に警戒すべき状況に直面したときにしても遅くない。来てもいない未来を今から不安がるのはやめよう。

思い通りにならないなら思うがままに

≫

私の心はどうして私の思い通りにならないんだろう。

そういうつもりじゃなかったのに、
なかった気持ちが生まれたり

ずっと大事に守りたかった気持ちが
すう〜っと消えてしまうこともある。

すんごい久しぶりだね〜

だね〜

ときには自然と
その流れに任せるのがベスト。

ムリに許すよりドライななぐさめを

誰かに傷つけられたとき。
それに向き合う痛みを少しでも減らす方法は

できる限り全身の感覚を閉じて
ドライな視線で眺めること。

ムリに許すのでも、理解するのでもなく

起こった出来事をありのままに認知するのが

自分をなぐさめるちょっと特別な方法。

人間関係で傷つくたびに、頭ではその記憶を否定して無視しようとするが、すでに感覚に染みこんだ一定量は、必ず胸に残って現在の自分の一部になる。私の場合、誰かに傷つけられた心をなぐさめたいとき、小説やエッセイより、主に人文書を読む。ある人の行動を進化的な観点から眺めたり、心理学の理論を取り入れて考えてみると、痛みを減らすのにとても助けになる。

　裏切り、別れ、身体的あるいは精神的な暴力によるトラウマなど、人間関係から生まれた大小のキズ。それだけでも充分に苦しいけれど、なにより「自分ならしない行動をした相手」を理解し、受け入れることができないため、そのしこりが消えない。

　ふたをしておいたキズ、消化できていない感情がふと頭をもたげるたびに、つらい記憶をじっくりと噛みしめる必要はない。けれど、人生の重要なタイミングにそのキズが成長を妨げるのであれば、一度くらいはきちんと向き合ってみるのがよい。その過程があまりにつらいなら、癒えていないキズを冷静に振り返って、記憶を再構成するのもアリ。

　これは寛大な心を絞り出して、自分を傷つけた人をムリに許し、心にもない免罪符を与えるのとも違う。**相手と自分の**

接点を排除して第三者の観点から見るということ。すなわち、「私を傷つけた人」ではなく「欠陥のある誰か」として眺めることで、頭の中でだけ理解しようとするのに近い。そうやって傷ついた記憶を召喚して改めて考え、心で充分に消化させれば、痛みから抜け出すのもちょっとは楽になるはず。

自分の感情はどれもつねに正しい

︾

いちばん好きな声

聞きたくない言葉

耳慣れた話し方

忘れたい言葉づかい

好きな香り

嫌いな香り

あなたのこんなところが好き。

あなたのそういうところがイヤだった。

やっぱり俺たちはウマが合う。

私たちは最初から合わなかった。

感情には理由がないということを知りながらも、私たちは恋愛を始めるときにはその理由を定義したがり、別れるときには、終わりにしなければならない理由を作る。感情的な選択をする自分を不器用で大人げないと感じることへの恐怖のせいだろうか。自分の理性に、自分の感情とそれによる選択が妥当なものであったことを納得させないと落ち着かない。

　しかし、そういった理由は、大きな意味もなければ、ときに事実とかけ離れていることもある。感情が消えた後、記憶は多くの部分が編集される。だから、後から振り返ると、この人とはよく合うと思っていた理由が実は都合よくこじつけたものに過ぎなかった、ということもある。

　一方、もっと早くけじめをつけなかったことが悔やまれる過去の関係を遡って見ていくと、さっさと終わりにすべき兆候の数々を随所に発見することができる。もちろん当時はまったく感知できなかったものだ。このように、同じシチュエーションでもどのように意味づけするかによって、まったく解釈が変わってくる。

　だから、人間関係において正しい選択をするために、それにふさわしい理由をムリに見つけなくてもいい。理由はいくらでも後付けできる。**それらしい理由がなくても、自分が感じた感情はつねに正しい。**

各自の思い出

歴史が勝者の観点から記録されるように
すべての関係は各自の視点で記憶の中に保存される。

だから、まったく同じ場面を通り過ぎた二人は

ある日、別々の時間、別々の空間で

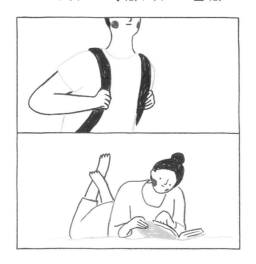

まったく異なる方式でそれを思い出す。

信じていた人に傷つけられると
余計に痛い理由は

キズそのもののせいではなく

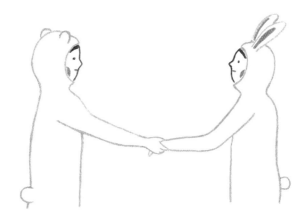

その人を信じていた自分自身までイヤになるせい。

「関係は信じても、人は信じるな」

　私が人間関係においてつねに心がけている鉄則である。私自身を含め、人というのは弱くて信用できない存在だと思うから。人は生存のためならいくらでも信念や立場を変えるし、誰もそれを責めることはできない。

　だから、私は人ではなく「関係」のほうを信じるようにしている。**現在の関係の中に実在する相手の行動と言葉は全力で信頼する代わりに、人自体はいつ変わってもおかしくない存在だと思うようにしている。**そうすると、「態度の変化」と「裏切り」、この2つの差をより明確に区分できる。おかげで、信じていた人に傷つけられたと、自らを被害者扱いする罠にはまらなくてすむようになった。

　にもかかわらず、誰かを心の底から信じるというのはどれだけ尊いことか。だから、そんな気持ちを抱けたあなたは、すでに充分に尊い人間であることを忘れないでほしい。

────────── 健全な関係のための ──────────
「適当」の技術

　信じていた人に傷つけられても自分を責めないで。あなたの信頼を大切に扱わなかったその人が悪い。

────────────────────────────────

寂しいけど恋愛はしたくない

寂しいけど恋愛はしたくない。

寂しいけど結婚相手が必要なわけじゃない。

私たちに

必要なのは…

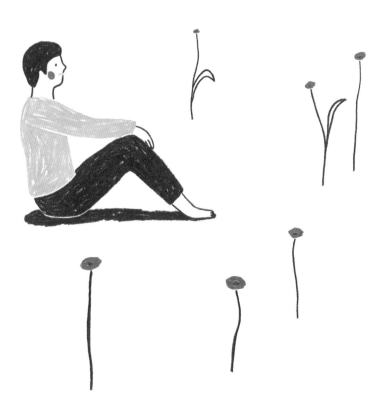

愛。

増えていくしわと開いていく毛穴を見るたびに不安になる。「ひとり」がもたらす気楽さの後ろに恐ろしいほどの退屈と孤独を見ると、誰かとつきあってみようかなという気になる。けれど、人生の同伴者ではなく補助者を望んでいるような相手の態度に心が折れ、恋愛、結婚、ひいてはすべての関係に懐疑的になるのがオチ。「共に」がもたらす安定感を心底望みながらも、結婚制度に伴う様々なストレスに耐えられる自信がない。

　結婚すべき？　結婚しないと本当に寂しくて大変？　こんな気分に何十年も耐えられる？　いつかはひとりに慣れるのかな？　本当に恋愛や結婚で空虚な心を埋められるの？　どうして私たちは恋愛のための、結婚のためのおつきあいをしないといけないんだろう。

　おそらく、この先もこれらの問いに正解を見つけることはできないだろう。けれど、これまでの経験から、これだけははっきりと言える。**うわべだけの関係を長く続けるほど、孤独と空虚感は増幅するということ**。だから余計に怖い。自分に合った愛のカタチを見つけられないまま、社会が決めた枠組みに合わせなくてはいけないような圧迫感に流されて、形式に従うことにばかり固執してしまうのではないかと。

恋愛であれ、結婚であれ、その結びつきの一番最初にくる理由はつねに「愛」であってほしい。愛を続けるための形式そのものが目的にならないようにしよう。

いつだってよりよい選択が可能だから

終わってしまった関係に
気持ちの整理をつけるために

いつからか、「運命」ではなく
「選択」を信じるようになった。

終わってしまった関係を
どうにもできないキズとして心に埋めておくか

自分が選択した過程と考えるか、
自分で決めるのだ。

運命とは、数多くの偶然のうちの
ひとつに意味を与えたもの。
それ以上でもそれ以下でもない。

過去のつらい関係を回想するとき、それをどうにもできない運命だったと考えると、その記憶は後々までキズとして残りやすい。悲恋のヒロインになりきって自分のかわいそうな姿に酔いしれるようになると、状況はますますひどくなる。これは「過去の自分には状況をコントロールする力がなかった」と考えるのと同じ。一方的に傷つけられたという思いから被害者意識が芽生えることも。すると、別の似たような関係において葛藤が生じたときにも、それを調節できないものと受け止め、その中で受動的な役割を繰り返しかねない。

終わってしまった関係を心で整理するときは、「運命」ではなく自分の「選択」だったと信じたい。**選択を信じるというのは、人間関係と世の中に対して「主体性を持つ」という一種の宣言である**。そうすることで、傷つくことを恐れて閉ざしてしまった心の扉をもう一度開けるという選択肢も手に入る。

誰との関係を続けて、どんな人を整理するか。彼らとはどのくらいの距離を保つか。私たちはすべて自分で選択することができる。選択を後悔することがあったって大丈夫。私たちはつねに過去の選択から学び、よりよい選択をしていくことができるのだから。

私を傷つけた人について
深く考えないことにした

私を傷つけた人について
深く考えないクセがついた。

記憶を否定することはすなわち、
自分を否定することかもしれない。

けれど、
ただ寝かしておくしかない記憶もある。

向き合うのがつらい記憶が思い出されて
眠れない夜は

それがいつかはホコリのように
散っていくことをそっと願う。

自分を無条件に抱きしめて
あげられるのは自分だけ

子供の頃に無条件の愛情を得られなかった人は

他人との関係において特定のパターンを示す。

自分でも理解しがたい行動の裏には

確信の持てない心配がぐるぐる。

無条件に自分を抱きしめてあげられるのは
自分自身だけかもしれない。

自己管理がうまいのに恋をするとすぐに生活パターンが崩れてしまう人、反対に、相手に完璧じゃない姿を見せてはいけないというプレッシャーに苦しむ人、あるいは、ほかの人の前とは完全に別のキャラに変わる人……。こんな風に、普段の姿と恋愛するときの姿が極端に違う人がいる。まるで、どういう姿までなら受け入れてもらえるかテストでもしているみたいに。

　親密な関係であるほど無条件の愛情と受容を求める気持ちは、誰しもある程度は持っている自然なものだ。けれど、それが社会通念上許容可能な、あるいは相手が受け入れられる範囲を超えた行動につながると、関係にヒビが入るおそれがある。

　心理学者は、こういう行動は、幼い頃に親または主な養育者から受けた愛情と受容の質によって形成される愛着スタイルに起因すると語る。充分に研究された理論ではあるが、ちょっと解釈を間違えると、成人になってからも親に対する恨みから卒業できず、いつまでも「オトナ」になれないこともある。

　過去を変えることはできない。簡単なことではないが、自分自身の成長と治癒のために、さらにはより健全で親密な関

係のために、ある時期が来たら過去と決別しなくてはいけない。成人しても心の中に住んでいるインナーチャイルド※に無条件の愛を与えられる最もいい親は、ひょっとすると、あなた自身だけかもしれない。

※個人の精神の中に独立した人格体のように存在する子供の姿。

全員と仲良くしなくても私は充分にいい人

誰にとってもいい人になろうとするより

自分ひとり満足させられるだけでも
充分に立派であることを知っておこう。

人間関係を量的に評価するより

陽キャの生活は
華やかだなぁ

自分に合った関係を築いていこう。

あ、来てたの

おーい！
なにしてんの？

全員と仲良くしないことにした自分を受け入れよう。

あそこ見ていく？

いいよ！

誰 よ り も 自 分 と う ま く や っ て い く た め に 。

　年を取ることの順機能とはこういうことだろうか。以前よりいろんなことを気にしなくなったが、中でも特に、自分自身に対する価値判断がそうだ。数年前ならまず自分を責めていただろう質問——たとえば「自分は果たして充分にいい人だろうか」、「大人らしいスマートな行動だったろうか」といったもの——にも、今なら惜しみなく自分を理解してやれる。つながりのあるすべての関係においていい人でいなくては、という心のしばりから自分を解放することにしたおかげだ。

　私たちは、誰に対してもいい人でいる必要がないだけでなく、すべての人と仲良くしなくてもよい（生計を維持するための最小限のビジネス関係は除く）。イヤな人は心の中で静かに嫌って、徐々に離れても構わない。友達が多ければどうで、少なかったらどうだというのだ。**各自の性格と価値観に合った関係を築いていけばよい。**

　振り返ってみると、学校や社会で出会った人たちのうち、こちらが頑張って関係を維持していた人であるほど、今は疎遠になっていたり忘れている。オーバーに振る舞わないと維持できない関係は、時間が経つにつれて自然と終わっていくものだから。

　もし、20代初めの自分になにかひとつだけ教えてやれる

チャンスが訪れるなら、私はもちろん、この真理を覚えてお
くように、と言うつもり。

――――――――――― 健全な関係のための ―――――――――――
「適当」の技術

　「いい人」という他人の評価を意識して人間関係を結ぶのは、なん
の役にも立たないエネルギーのムダ使いに過ぎない。それに気づく
のが1日でも早ければ早いほど、より賢い人生を生きられると信じ
て疑わない。全員と仲良くする以前に、自分自身とうまくつきあう
ことがなによりも重要であることを忘れないで。

シングル祝い金

毎回ばらまいてばかりいる。

ご祝儀

1歳のお祝い

誕生日

盆・正月

お食い初め

出産祝い

ミレー〈種をまく人〉

みんな結婚した、子供が生まれたって
お金ももらって、プレゼントももらうのに…

シングルはなんにもなくて悔しい！

はぁ…
目から汗…

これからは、シングルにもお祝い金を
あげる文化を作ろう。

ありがとうございます!

わぁ〜〜

パチ パチ
パチ

この厳しい世界をひとりでよく耐えてきたから。

ここまで来られたのは
すべて私のおかげです…

わぁ〜〜

パチ パチ
パチ

それから、焼肉もごちそうしてくれ。

これが一番重要

（どこか悲壮）

人の力でどうにもならないのが人の心

いつの頃からか、離れていく人を追わなくなった。

理由を探ることも、恨むこともしない。

ただ幸せならいい。

年を重ねてひとつ悟ったことがあるとすれば
人の心は絶対に人の力ではどうにもならないということ。

一度割れた皿はいつかまた割れる。

私とは縁がないのだ。

それが事実であれどうであれ

そう考えたほうが自分の心のためにもいい。

「どうして私から離れたんだろう。どうして私をもう好き
じゃないんだろう」

　正解もない無意味な問いに答えを見つけようとしていた時
期があった。今思うと、すでに離れてしまった心をつなぎと
めようとすることほどバカなことはない。

　「来る者は拒まず、去る者は追わず」という人間関係の教え
がある。自然にそんな風にできれば精神衛生によいだろうが、
現実的にそれは悟りを開いた人でもなければ不可能な話。私
のように平凡な人間がその教えを下手に取り入れたら、「もう
なにもかもいらない！　人生はどうせひとり」と考える厭世主
義や虚無主義に走りかねない。

　人の移り変わりに一切執着せずにクールに対処しようとい
う姿勢は、すべての関係を100％コントロールできないなら、
いっそのことひとりでいようという、回避からくるものかも
しれない。

　私たちは自分の心でさえはっきりわからないくせに、他人
の心を推測したり想像するのに多くの時間とエネルギーを注
ぐ。**自分の心も思い通りいかないのに、他人の心を把握した
り好き勝手動かそうという発想自体がおかしいのでは?**

人の力でどうにもならないのが人の心。他人の心を気にするより、まずは自分の面倒をみよう。思い通りにならないなら、思うがままに。

「適当」の技術

　心というのはもともと思い通りにいかないもの。だから、心より先に動かないで、まずは心の動きに委ねよう。やって来る人には気さくに愛情をかけ、去って行く人からは淡々と心を回収できるように。

心臓保管所

ときどき心がとても痛くて

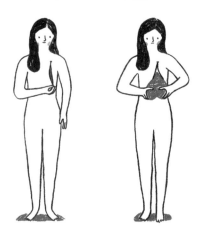

心臓がなければいいのにと思うときは

「心臓臨時保管所」に預けよう。

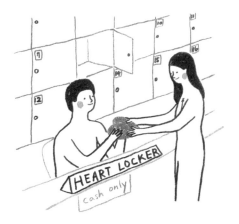

苦痛に耐える勇気が出たら
また取り出してくればいいから。

大変な仕事を任されたり、精神的なストレスを感じる人に会わなくてはならないとき、よく具合が悪くなる。人の体と心はつながっているので、心がつらいときに実際にこうして体の痛みとなって現れることがある。心理学の用語でこれを「身体化」と呼ぶ。特に、つらい心を適時にケアできなかった人や、無意識のうちにガマンしてしまうタイプの人たちに現れやすい防衛機制である。

　私の場合は主に理由もなく片頭痛、消化不良になったり、不眠症がひどくなる。まれに、前にはなかった車酔いや耳鳴り、じんましん、しまいには歯痛まで出てくることもある。そんなとき、精神的なストレスになっている要素や状況が解決されると、不思議なことに体の症状も自然と緩和される。こういうことを何度か経験した後は、気づいていない心のストレスを体の変化からキャッチできたりもする。今は、体に少しでも以前と異なる症状が出たら、すべてを中断して、現在の状況とまわりの人間関係を見直すようにしている（それが病院代を最小限に抑える一番よい方法であることを身に染みて感じた）。

　程度の差があるだけで、誰でも生きていく中で一度くらいは身体化を経験しているはずだ。たとえば、心が痛いときに、

実際に心臓のあたりから痛みを感じるような経験。そんなときは、いっそのこと心臓が、もしくはつらい感情を自覚させる感覚器官がなくなってしまえばいいのにとも思う。

　そういうときは、今、自分の手に負えないことに埋もれすぎていないか、心を苦しめる人が近くにいないか、自分が現実的にできることはなにか、考えてみよう。**最も重要なのは、ちょっと立ち止まって振り返る時間を持つこと**。葛藤あるいは喪失によって苦しんでいる心を休ませてやれる自分だけの方法が見つかれば、体の健康も同時に守れるはずだから。

ひとりで完結しなくても大丈夫

こんな風に思うことない？

私たちが友達を作って、恋愛をして、

結婚して、子供を産んでも

実はみんなひとりなんだって。

いつかはひとりであることに
慣れられるのかな。

いや、君は慣れないよ

いま君は、慣れられるか
知りたいんじゃなくて
慣れたくないんだから

慣れたくないうちは、慣れることはできない。

以前、1人で出かけた済州[チェジュ]旅行で、私はまるで「ひとり」と書かれた付箋を額に貼って歩いている気分になった。普段、群衆の中で孤独に酔うことを楽しみ、相対的な孤独を味わってみたりもしたが、それとは次元の異なる絶対的な孤独の状態に置かれていた。もちろん日常に新しい空気を吹き込むような瞬間もあったが、完全にひとりになるというのは、思っていたほどステキなことではなかった。そうやって骨身に染みて「ひとり」を感じた数日のあいだ、私はあれよあれよと消耗してしまった。

　人間の脳は、社会的な連帯感の喪失がもたらす苦痛に対し、実際に物理的な痛みを感じたときと同じように反応するという。群れになって生活するほうが生き残るのに有利なように設計された遺伝子を持つ人間にとって、孤独に慣れて平気になるというのは、意志の問題ではなく生存の問題だ。だから、孤独になかなか慣れない、ひとりで完結しないからって、自分を依存的だとか惰弱[だじゃく]だとか思わないでほしい。

　もしかしたら私たちは「ひとり」について誤解しているのかもしれない。いつもひとりだと思いながらも実は完全にひとりになったことはなかったり、ひとりにならないようにもが

きながらも、反対にひとりでいられてこそ真の「オトナ」に仲
間入りできるかのように「ひとり」を神聖視したりする。

　そういう意味で、たまには意図的に自分を絶対的な孤独の
状態に置いてみるのもいい経験になると思う。そうやって「ひ
とり」を全身で感じた後にはわかるかもしれない。**自分に必
要な孤独の適正量はどのくらいなのか、必ずそばに置いてお
くべき人は誰なのか。**

ひとりでうまく過ごせるなら

寂しくもなんともない静かな帰り道。

「夕飯は食べたのか」、「遅くならないうちに帰れ」と
とやかく言う人もいない夜の

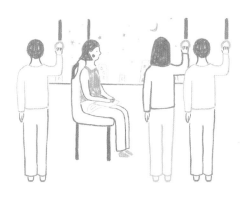

街のネオンがただただきれいだなと思う。

ひとりでうまく過ごせるなら
ほかの人ともうまく過ごせるというけど

そろそろ誰かとうまく過ごせるようになったのかな。

PART 03

人には
いつだって
人が必要

私とあなたのあいだに見えない線がある

やさしく接しはするけれど

もっと親密になりたいという意味ではない。

もっと好かれたい。

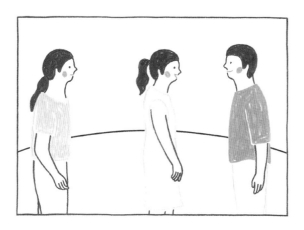

でも、好きにはなりたくない。

私はワガママなんだろうか。

一緒にいる時間が増えて、
心を許してしまうと

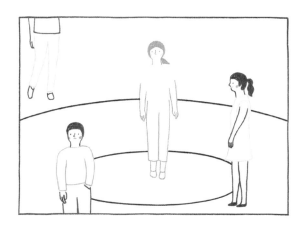

ぼんやりしてしまう自分の姿が怖いから。

〉〉

　友人や知人など家族以外の人に対して、それぞれの心理的な距離によって心に線を引いておくほうだ。日記に書いたり相手にそれを言うわけではないが、手を借りる／貸すことがあるとき、または、約束が重なって優先順位を決めなくてはいけないとき、まずその線を思い浮かべる。

　学者たちは、人間関係において適当な心理的距離を保ってこそ、自分を守って健やかに生きることができると言う。そういう面では、私も健全な人間関係を築いているかのように見える。けれども、自分を中心とした円のすぐ外側に立っている人でさえ、その中に入れることは私にとってものすごく難しい。**ある人を「親しい間柄」と規定しながらも、その人と自分のあいだの線を考え、ときにその線に過度に執着することもある**。誰かがその線に一歩でも踏み込んでこようものなら自分を守れなくなるのではと不安になる。だから、どんなに親しい人でも、あいだに見えないガラスの壁を作っているように感じるときがある。

　私はなにがそんなに怖いんだろう。いつになったら、見えない線を越えられるくらい親密な関係になる勇気を持てるんだろう。

適当に近くない距離

ときに、適当に近くない距離のほうが

長続きすることもある。

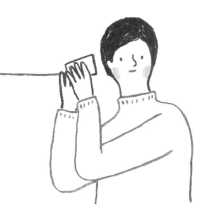

親密さにはつねに

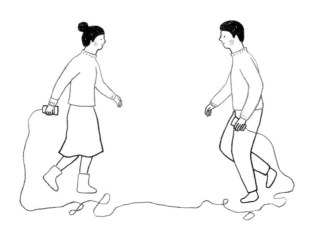

期待と失望が伴うので

親密になった分だけ、もつれてしまうこともある。

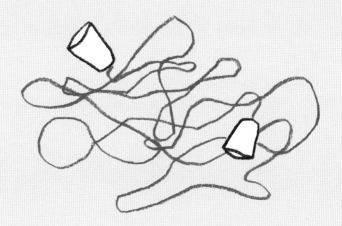

　仕事で出会った人、趣味が同じ友達、知り合いの紹介で出会った人たち。じわじわと広がっていく関係のどれにもつねに気を配って、社会人としてうまくやっていきたいけれど、一匹狼タイプの私には並大抵のことではない。大切な人を優先したいと思いつつも、同時に誰一人がっかりさせたくない、失いたくないという欲のせいだろう。

　けれど、人間関係を1人で作っていくことはできないので、相手の親密感に対する欲求をこちらで一方的に調節したり、**すべての人と深い関係を築くのは難しい**。だから、ときには、遠くも近くもない適度な距離を保つための若干の要領が必要だ。互いに両端を持った糸は、ピンと張りすぎれば切れてしまうし、たるみすぎるともつれてしまうこともあるから。

健全な関係のための
「適当」の技術

　重すぎも軽すぎもせず、遠すぎも近すぎもせず、冷たくも熱くもないように。状況に応じて自分がより楽なカタチで「適当に」渡り歩く「関係遊牧民」になってみよう。

心の適度な風穴

私とあなたをつないでいた関係の糸が
切れてしまった後は

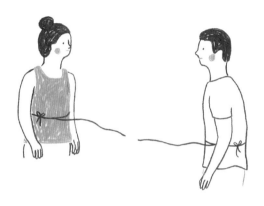

その糸を結んで
自分を守る保護膜を作る。

保護膜の目が細かくなると
もうそれ以上、個人的な関係に傷つかなくてすむけど

その分だけ、誰かを自分の空間に
入れることも難しくなる。

そんなとき、その保護膜に
適度な風穴をあけてくれるのはいい友人たちだ。

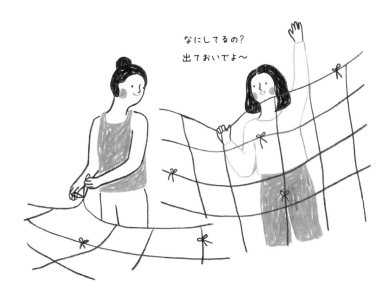

なにしてるの？
出ておいでよ〜

「ひとり」と「一緒」のあいだ

メッセージが来ないと寂しくて、来ると面倒くさい。

一緒にいるとすぐに疲れてしまい、
ひとりでいるとすぐに寂しくなる。

ソーシャルスマイル

ひとりでは完全でない、

かといって、一緒にいることもできない、
そんな日が増える。

感覚の臨界点がとりわけ低い人がいる。そういう人は寒がりのくせに暑がりでもある。外部の刺激によって感覚の状態がたちまち切り替わる。

　一方、感情の臨界点が低い人もいる。みんなと一緒にいるとすぐに疲労感を覚えるのに、そばに誰もいないとすぐに寂しくなる。関係を築いていくときに、感情があちらからこちらへと移行する限界点にすぐに到達してしまうのだ。だから、ひとりでは完全でないと感じながらも、関係の中に置かれるとそれもまたしんどい。

　しかし、こんな気まぐれさんたちにも親密な関係は必要というもの。こういう人たちが関係を続けていくときは、並行遊び（幼児の遊び方にみられる形態のひとつで、ほかの子供たちと同じ遊びをしながらも、互いに接触したり干渉せずに１人で遊ぶこと）のように、**別々に一緒に過ごす時間が必要だ。適当に距離を置いたまま徐々に親密感を高めていく。**そういうつきあい方をしていけば、ひとりだけの時間と空間を失うことなく、同時に大切な人たちともつながっていることができるだろう。

いなくてはならない人なんていない

各自に受け入れ可能な関係の限界値があるので

いっぱいになったときは空けてやらないと、
次また入れることができない。

この世に、いなくてはならない人なんていない。

自分を尊重してくれない人を追い出せれば

そこにもっといい人が入ってこられる。

比較的自己肯定感が低かった頃は、まわりに私を粗雑に扱ったり尊重してくれない人が多かった。当時の私はそういう状況を当然のことと考えて受け入れていた。ここまではまだいいほうで、自己肯定感が底をついたときは、さらに、そのすべての状況が自分のせいだとまで思っていた。自分がワガママで、自己犠牲の精神が足りないからそんな扱いをされるのだと（私が犠牲になる関係を続けたがっていた人たちから、それほどまでにガスライティング※をされていたのだ）。

　当面は心細いかもしれないが、尊重してもらえていないと感じる人とは手を切ったほうがよい。空腹が怖いからって、まずい食べ物でお腹を満たす必要はないではないか。こちらへの配慮がなくぞんざいに扱う人がいたら、その関係に慣れてしまう前にできるだけ早く取り除かなくてはいけない。**自分を犠牲にしないと維持できない関係は、平等な関係でも意味のある関係でもない。**

――――――――――――――― 健全な関係のための ―――――
「適当」の技術

　自分を尊重してくれない関係が占めているスペースを空にしたら、それによる心細さがむしろ、もっといい人に出会うきっかけを作ってくれるだろう。

※嘘を吹き込んだりして正しい判断力を失わせることで、被害者が自身の記憶、知覚、正気を疑うよう仕向ける心理的虐待の一種。

誰かが心に入ってくると

誰かが心に入ってくると

その人につながるものが無意識に目につく
不思議な経験をするようになる。

似たようなスタイルの人を見ても

笑い方が似ている芸能人を見ても

似たような香りが鼻先をかすめただけでも
その人が見える。

ドキドキだけでは充分でないとき

この人と
つきあっても大丈夫かな

いいじゃん別に。
いますぐ結婚しようって
わけでもないんだし

私をすごく買いかぶって
いるようで負担…
私ってそんなにいい人かな

うん。あなたはいい人よ。
でも、自分の気持ちに
確信が持てないなら
ちょっとしんどいかもしれないね

一度心を許したら受け止めきれない
ような気がして踏み出せない。
いい人なんだけど、考えすぎちゃって不安…

たぶん…
不安を相殺できるほど
あなたの気持ちが
大きくないか

フム…

好きって気持ちだけでは
ダメだってことに
気づいちゃったんじゃないかな

　新しい人に心を開くのがだんだん難しくなっていく。年の
せいだとは思いたくないけれど、たぶんそうなんだろう。も
ちろん、ただ単に年齢の問題だとは思わない。これまで幾度
となくやってきた一人芝居だからわかる。相手が一言か二言
なにか言っただけで、私はこのミニシリーズの結末を勝手に
予測してシニカルになる。よく言うなら年輪を重ねたとも言
えるが、こういう過度な思い込みが頭の中をかき乱す。だか
ら、好きという気持ちが生まれても、ドキドキを楽しむ前か
らすでにあれこれ考えだして不安になる。

　人の心というのはほどほどのところで止めるのが難しいと
いうこと、一度育ちだすと手のつけようがないほど大きくな
るということを、今は経験で知っている。だからだろうか。自
分の心を扱いこなす自信がないので、怖気づいて、なかなか
すんなり相手を信じられない。

　ドキドキだけでは新しい関係を始める勇気を出すのに充分
でないとき、**人生の舞台からちょっと降りて、観客になって
みてはどうだろう。**「話がどう進むかひとつ見てみよう」とい
う気持ちで、自分が置かれた関係を一歩引いたところから眺
めてみたら、はるかに面白いシナリオが待っているかもしれ
ない。

縁っていつ頃寄ってくるんだろう

ひとりぼっちになるのは
たいてい、絶対にひとりでいたくないとき。

ひとりでいたいけど、
誰かが私の手を必要とするときもある。

ひとりでいようと決めた瞬間に
ひとりじゃなくなるのは、なんとも皮肉。

いっぺんぐらいは心の限りを
ぶつけてみても

若いうちにいっぱい
恋愛しておいたほうがいいよね〜

そうそう

数だけ多くてもね〜
ちゃんとした人とつきあわないと

うんうん

重要なのは…
いっぺんぐらいは心の限りを
ぶつけてみることかと。

そしたら、今度から
どのくらいならぶつけていいのか
わかるようになるから。

終わってしまった関係が残していったもののうち、ひとつだけよい点があるとすれば、少なくともその経験値の分だけは「オトナ」になるということ。 関係に適度に感情を注ぎ込む方法を学んだので、今度はもう危険なほどに心を捧げたりはしない。そそっかしい心にどのタイミングでストップをかけるべきか、全身の細胞が先に感知する。

どんな人に会っても、その過程で毎回変数となるのは「私」だ。様々な関係を通していろんな自分を知っていくものなので、なにかしらは学んで成長する。たとえば、お酒を飲んで記憶を失うというひどい経験を1〜2回した後は、「もう1杯飲むと危険」になるタイミングがわかるようになるのと同じで。

だから、心の限りをぶつけたことがまだないなら、一度くらいは試してみてもいいのでは？　すべての関係は、どんな形であれ、必ず教訓を残すものだから。

共に過ごした時間に
未練を持たないことにした

いつからか、古い友人たちの日常への
関心が薄れてきた。

年を取る過程で生じた変化だろうか。

共通の関心事が減って疎遠になり

久々に
連絡してみようか…

会っても空回りする会話。

なぜだろう、この距離感と空虚感。

そのぽっかり空いたところに、
友達という名目の義務感が残る。

また今度でいっか

きっと
元気にやってるよね…

古い友達になかなか会えないことにときどき心の中がザラッとする。申し訳なさ？　物足りなさ？　寂しさ？　説明するのが難しい感情だ。残念ながら「恋しさ」はそこに入っていないことが気にかかる。もちろん、まったく恋しくないわけではないが、それは今現在の私たちよりも、過ぎ去った季節に対するものに近い。

　世の中は長いつきあいを大切にすることを美徳とするが、そういう面で、生き方を間違えたかという思いをぬぐい切れないときがある。年を重ね、それぞれの暮らしぶりが変わる中で心の距離が離れていくのは考えてみれば当然のことなのに、ときどき、わけのわからない義務感が心にのしかかる。定期的に時間を作って会おうとはしている。けれども、会った帰り道にはきまって、前にはなかった空虚感、懐疑心が心の片隅で頭をもたげる。会わなくてはいけない人はいっぱいいるのに、本当に会いたい人はあまりいない。

　友情の深さは必ずしも過ごした時間に比例するわけではないらしい。昔の友達であれ、新しい友達であれ、関係に費やした時間、共に過ごした歳月に未練を持たないことにした。**どんな関係をより大事にするかは、個人の選択の問題に過ぎない。**なるべくなら、楽しい気持ちを１００％共有できる人たちとたくさん会って暮らしたい。一度きりの、短い人生だから。

友情とはなんぞや

友情とはなんぞや。

ふだん無関心だった互いの生活について話すときに

元気だった?

いつ以来だっけ?
ほんと久しぶり〜

未婚

既婚

大げさなリアクションで同調してやり

どれどれ〜
ずいぶん大きくなったね

いや〜
もう大変よ〜

その人の愛する存在を
無条件にかわいいといってやること。

めっちゃかわいい〜

うちのニャンコ見て！

人にはいつだって人が必要

ひとりでなんでもこなす自立した人だから

どうしたの？   深刻

私がいなくなっても平気だろうと思ってた。

ううん、なんでもない。
最近仕事どう？
転職準備は順調？

嫌われることから自分を守りたかったんだね。

悩みを打ち明けてもいいのかな。
いや、負担かけたら悪いし…

うん、
いい感じ〜

本当は、あなたも私が必要だったんだね。

連絡するね〜

バイバイ

213

かなり自立しているように見える友人がいた。知り合って
長いが、深い絆を感じることはできなかった。むこうから悩
みを打ち明けることもなく、助けを求めてくることもほとん
どなかったので。なんでもひとりで乗り越えられる人だから、
彼女にとって自分はそれほど必要じゃないのだろうと思って
いた。

　そういう人でも年を取るにつれて変わってくるものなのか、
いつの頃からか、私たちは前とは違って悩みや感情を共有す
るようになった。そうする中で、実は彼女も誰かに依存した
いと思っていたことを知った。いつ離れていくかわからない
関係の中で、ひとり強くなろうとムリをしてきたということ
も。

　一方、その関係の中で新たな親密感が生まれると、自分は
相手に特に影響を及ぼさないと思っていたそれまでに比べて、
はるかに不安が増した。自分が誰かに影響を及ぼすという感
覚は、存在としての責任感を持たせる。

　命あるなにかを育てている人たちが、生きるべき方向につ
いて悩むことはあっても、自分の存在意義については特に疑
問を持たずに生きているように見える理由が初めてわかった
ような気がした。責任感は、自分の存在をつなぎとめる綱に

なっているのだ。うつを患う人に植物や動物を育てるよう勧めるのも、似たような理由だろう。

　人が生きていく中で自分以外の他の存在に影響を与えるという事実は、生命力にもつながる。**そうやって私たちは、気づかぬうちに互いに依存しながら生きている**。人にはいつだって人が必要なのだ。

お互いの生活から一歩引いて

本当の愛は、相手を大事にするという理由で
すべてを把握しようとすることでも

守ってやるという理由で
なんでも代わりにやってやることでもなく

えっ、今度はなにを習いにいくって？
休みだから、一緒にいられると
思ったのに…

ただ相手に罪悪感を
抱かせないようにすることかもしれない。

自分のためにやりたいことをするときに

相手に申し訳ないと思わなくていいように。

本当の愛ってそういうことかもしれない。

**恋愛をしていると、なにかを「してあげる」ことをより意識
するようになる。**愛している分だけお互いに親切にしてあげ、
心配してあげ、大事にしてあげ、守ってあげたくなるものだ
から。

　でも、その「あげる」行為の後ろに隠れた「見返りを望む気
持ち」にはつねに気をつけなくてはいけない。愛情をかけた
分だけなにかを返してもらおうという気持ちは、相手の人生
の一定部分を所有できるという錯覚につながりかねないから。
その心に気づいた相手は、自分がもらった愛をいつか返さな
くてはいけないという心理的負債感を持ち続けることになる。

　「私にあんなによくしてくれた人なのに」、「私のためにこれ
まで犠牲になってきた人なのに」といった考えを持つと、自
分の選択よりも相手の気分を優先するようになる。だから、
相手が積極的に賛成しない物事に対しては決定をためらった
り、自分の人生のための選択にすら確信を持てず、なぜか圧
力を感じて顔色をうかがうようになる。そうして結局は、相
手が同意しなそうなことは最初から試しもせずに諦めるよう
になる。

　愛する人の人生と選択をただ自分が望む方向へと導くた
めに、それとなく心理的負債感を植えつけて相手を操るこ

219

と。それは愛ではない。とにかくたくさん与えようとするより、相手の人生から一歩引いて自分自身により集中したほうが、健全な関係を築くのに効果的だろう。

<hr>

健全な関係のための

「適当」の技術

与える愛が意味を持つには、お互いの人生を尊重していることが前提となる。健全な愛のための最も基本的な要素であり、かつ第一歩となるのは「尊重」であることを忘れないようにしよう。

<hr>

時間が経っても大切に感じるもの

時間が経っても大切に感じるのは
意外と大したことのない瞬間だったりする。

私だけが知っているあなた特有の
表情や小さなクセ。

ぬくもりを感じた小さな瞬間の数々。

時間が経って記憶は薄れても

その瞬間の感情だけはホンモノだったことを
知っているから。

関係を幸せの道具にしないこと

他人の存在は、それ自体が
幸せの絶対的なカギになるわけではない。

いい家族、いい恋人、いい友達はそれを助けるだけ。

人は、幸せになるって自分で決めた分だけ
幸せになることができる。

　人間の体は70％が水だ。なら、残りの30％はなんだろう。私の場合は「不安」がそこを占めているように思う。とにかく不安指数が高い性格なので、自分が感じる様々な不安を正直に共有できる関係がなによりも大切だ。

　いろいろな理由で友人たちとのあいだに距離ができ始めるとき、最初は単にその空白のために寂しいのだと思っていた。でも、ふと振り返ってみると、私は友人たちと一緒にいるときでも結構寂しかった。たくさんの人たちに囲まれているときや恋人といるとき、さらには、最も親しい関係である家族と一緒にいるときでさえ寂しさを感じる人間であることに気づいた。誰かと一緒にいるのに孤独を感じたことがある人、あるいは、１人でいるときよりも寂しいと感じたことがある人なら、この気持ちがわかるだろう。

　裏を返せば、**ある人の存在自体が自分の幸せに大きく影響するわけではない**という結論になる。よく考えてみたら、私が感じたのは人の不在による寂しさではなかった。最も重要な感情（私の場合は不安だが、人によって違うだろう）や価値を共有することで感じてきた「心の安定」が失われることへの恐怖だったように思う。

　誰かと一緒に過ごすことは、確かに心理的な安定感をもた

らす。けれど、それが必ずしも心の奥底にある欠乏まで満た
してくれるとは期待しがたい。それでも、社会的な動物であ
る私たちには、人とのふれあいと共感からしか得られない安
らぎがどうしても必要だ。

　自分の幸せに責任を持てるのは自分しかいない。でも、そ
の幸せはいろいろな関係を通して増幅する。その事実を知っ
ていれば、愛する人たちとより満足のいく共存ができるよう
になるだろう。

食べ物の味や風の匂いなんかが

いつだったか、とてもおいしいものを食べた
記憶があるのだが

よく考えてみたら、とてもいい人と食べたのだった。

記憶は感覚に依存するので

食べ物の味や風の匂いなんかが
ある季節を思い出させる。

私たちってそっくりね

><

わぁ、私たちって
ホントそっくり！

うーん…そうかな

私たちは好きな人との共通点を見つけるのが得意。

わぁ、私たちって
ホントそっくり！

うーん…

実際は共通点より違うところのほうが多いのに。

あの子のほうが私と似てる。
あの子と私はソウルメイトなの。

おそらく「私たちってそっくりね！」の本当の意味は

「あなたともっとたくさんのことを共有したい」
ではないだろうか。

私たちはつねに
同じ時間を共有してるの

映画『(500)日のサマー』で、主人公のトムは職場の同僚の
サマーに一目惚れする。彼女が自分と同じミュージシャンが
好きだという事実ひとつで、運命的な愛が始まると一方的に
信じ込む。そんなとき、トムの妹が言う。

　「キュートな女性がたまたま趣味が同じだからって、運命
の人ってわけじゃない」

　好きな人との些細な共通点に大きな意味を見出そうとする
のは、その人となにかを共有したいという気持ちに起因する
のではないだろうか。気が合うだとか、相性がいいという考
えも、片方の一方的な希望である場合が多い。みんなが信じ
たがる「ソウルメイト」の存在も、多少ドライな視線で見るな
ら、抽象的で幻想的な観念に過ぎない。**「よく合う」という言
葉は実は「私はあなたに好感を持っています。だから、お互い
に異なる点も一緒に合わせていきたいです」の別の表現なの
ではないだろうか。**

　こうやって、好きな相手とは無理やりにでも似ているとこ
ろを探そうとするくせに、嫌いな人とは違うところを探すの
に血眼になる。だから、共通点のひとつやふたつくらいはあっ
さりと無視したり、強く否定したりする。このように自分と
他人の共通点や相違点を判断する基準は、好感度によって見

事に変わってくる。

　だから、自分と誰かの違うところが目について仕方ないなら、「あ、私はあの人が苦手なんだ」くらいに解釈して、適当に距離を置くのがよい。反対に、多くの面で自分と似ていると感じる人に会ったら、過度に意味づけをする前に、まずは自分の中に芽生えた好感を認めよう。

　運命の相手なのかどうか悩んでタイミングを逃すことなく、あなたの心を伝えられるといいな。

ご飯より重要なものだって
たくさんあるのに

人は誰でも自分が感じている欠乏を

どうしたの？
なにかあったの？

ううん、ただ
ひとりでいたいの

他人にも適用する傾向があるので

でもご飯は食べないと〜

いい、いらない〜
一食抜いたくらいで死なないし。
ほっといて

235

相手が本当に必要としているものが
わからないことがある。

バタン!

勝手にしなさい。
親の気も知らないで!

ふたを開けてみると、お互いに同じ気持ちなのに

伝えるのはどうしてこうも難しいのか。

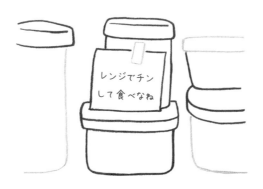

　「ちゃんとご飯食べてる?」と確認することで安否を尋ね、「そのうちご飯でも行こう」と次回を約束する挨拶はおなじみだが、だからといって、本気で誰かの食事の心配をしたことはない。おそらく、本当に知りたくて私にご飯を食べたかと聞くのも、私の両親だけだろう。

　人は、自分の成長過程に欠乏していたものを愛する人に与えようとする傾向があるという。飢えを経験した世代にとっては食事を取ることが今の若い世代より重要だったせいだろうか。ご飯一杯よりありのままを認めてくれる共感の一言が、豪華なおかずよりそっと無言での抱擁がほしかったりするが、そうでないことがよくある。私には食事よりはるかに重要なことがたくさんあるのに。

　人によって欠乏を感じるポイントは違う。達成感に飢えた人、認められることに飢えた人、愛情に飢えた人……。そして、みんな自分自身の欠乏のレンズを通して他人の状況を眺めるので、焦点のズレたなぐさめやアドバイスをしたりする。

　それは自分の欠乏をしっかりと認知して生きていかなくてはならないために現れるきわめて自然な現象だ。誰もが自分の経験から作られたレンズを通して世の中を理解するしかない。ただ、ときどき、愛する人たちの視線の先にある、自分と

は少し違った観点の世界にも目を向けてほしいと思う。そう
することで、また違った愛の方法を学習していけるのではな
いだろうか。

意味のない関係の重荷を減らす

意味のない形式的な関係を保っておくことに
これ以上エネルギーを使いたくない。

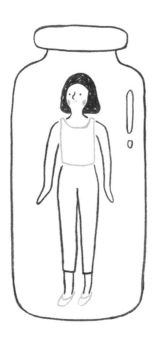

「人生どうなるかわからないから」

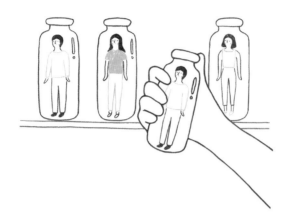

「いつか助けてもらう日がくるかもしれないから」
といった理由でしばられている、

そういう関係を背負い込むのをやめにした。

重要なのは、今このとき
私のそばにいる人たちだってことがわかったから。

親しくしていたのに、ある瞬間から自然と距離ができてしまった関係がある。学校を出て、それぞれの人生に忙しくしながらも、ときどき会って思い出を共有できる友達がいる一方で、社会人になって、家庭を持ってからはプツリと連絡が途絶えてしまった人たちもいる。そんなときは、彼らの人生から自分が消去されてしまったかのように思えて悲しくなる。

　特に、社会人になりたての頃や、いわゆる結婚適齢期といわれる時期を通過していたときは、人間関係に対する懐疑心に苦しんだ時期があった。慶事を控えているときだけあからさまに意味のない連絡をしてくる人たちに嫌気がさした。就職や転職、結婚、出産といったイベントを起点として関係が再セッティングされるたびに、それまで知り合いだった人たちを1人、2人とふるいにかけて、意味のない人脈の重みを減らしていった。

　必要な時期に絶妙なタイミングで現れてくれる人とは一生の縁になるという。友人関係もそうだ。私の人生にタイミングよく現れ、お互いの些細な日常を分かち合うことができるなら、それ以外になにが必要だろうか。

　限られた時間とエネルギーの中で、私ひとりにケアできる親密な関係の総量には限界がある。**私たちにできるのは、ラ**

イフサイクルに伴う関係の変化を淡々と受け入れることと、今そばにいる人たちに心からの愛情を注ぐことだけだ。

――――――――――――― 健全な関係のための ―――――――――――――
「適当」の技術

　つきあいの古さと関係の濃度は正比例するだろうか。人間関係において本当に重要なのは、外側から見た時間ではなく、見えなくても感じることのできる心だろう。

長続きしないけどウソでない本心

誰かを愛する前に知っておくべきこと。それは

思ったより多くの人たちが
守れない約束と共に愛を語るということ。

いつもそばにいるよ　　　　　　　　待ってるわ

それからもうひとつ知っておくべきこと。

それらの言葉はすべて、
その瞬間においては本心だということ。

心を全部取り出して見せたいけど
それができないから代わりに言葉にする、そんな本心。

お互いの世界を広げていく方法

学生時代に見た映画『ヘドウィグ・アンド・アングリーイン
チ』に出てくるミュージックビデオ（「The Origin of Love」。
太初の人間は頭が2つ、腕が2組、脚が2組あったが、神が2
つに引き裂いて今の姿になった。2人の人間が出会って愛し
合い、痛みを共有することで完全なるひとつになるという内
容）の意味を間違って解釈したせいで、「親密さ」について長ら
く誤解していた。すなわち、ほかの人と親密になるというの
は、現在の固定された自分の人生に誰かが一方的に入ってく
ることだと考えていた。自分の中のスペースを半分差し出さ
なくてはならず、すべてが変化するとても恐ろしいことだと。
　**私たちは皆、自分だけの宇宙を持っており、その中に各自
の趣向、価値観、性格、外見、習慣などの惑星が浮かんでいる。**
だから、自分の世界と他人の世界が出会うときは、必ず大小
の衝突が起こる。その過程には当然痛みを伴う。でも、そのお
かげで他人との交流を通して1人ではできなかった新しい経
験をし、共通部分を発見して共感し、相違点を受け入れてい
くことができる。そして、まさにその深さの分だけ、自分の感
情と考え方の幅も広がる。

　ちょっと前に、クラウン・シャイネスという現象について
知った。似たような種類の樹木が一緒に生えているとき、互

いに枝が接触しないように若干のすきまを残して成長することをいう。相手の木の邪魔にならないように一定の距離を保ち、配慮しながら共に成長していくこの現象、まだ正確な原因は明らかになっていないという。

　相手の領域を侵すことなくつながっている植物たちを見ながら、共存の意味を学ぶ。共にお互いの世界を広げていく美しさについて。

折れた心の片方を共有してくれる人

いつだって私たちに必要なのは

完全な１個ではなくて

折れた心の片方を拾い上げて

一緒にいてくれる誰か。

専業のフリーランサーになる前に美術教室で働いていたときのこと。必ず虹と同じ順番で色鉛筆を整理する子がいた。色を塗っていて下絵の線の外にはみ出したり、道具が壊れたりすると、火がついたように泣きわめいてなかなか収まらなかった。まるで子供の頃の自分を見ているようで、愛おしさが増した。その不安とこだわりの強さが人生の妨げにならなければいいなと、余計熱心に教えたくなった。

　そうやって何年か一緒に過ごしていると、次第にその子は泣きたくなるような状況で自分から先に大丈夫だと表現するようになった。ある日、一生懸命色を塗っていてパステルがまっぷたつに折れてしまったとき、その子が言った言葉がこれ。

「**大丈夫。折れたら２つになるから、もっといいよ！　２人で一緒に塗れるし！**」

　ときには、完璧をくれようとする人より、折れた心を分かち合える人のほうがなぐさめになる。私たちに本当に必要なのは、そういう心かもしれない。

[著者]

ダンシングスネイル Dancing Snail

絵を描いて文章を書く人。人に会うのが好きだけど嫌いで、関心を持たれるのはイヤだけどうれしい「シャイなかまってちゃん」。バカバカしい空想をしながら散歩をする時間が一番好き。

弘益大学でデジタルメディアデザインを学んだが、長い苦悩の末にデザイナー体質でないことを確信し、その後、絵と心の相関関係に興味を持ち、明知大学未来教育院の美術心理カウンセラー課程を修了した。カウンセリングセンターで美術療法士として働くうちに、まずは自分のケアからしなければならないことに気づき、再び絵を描き始めた。今は毎日絵を描いて文章を書くセルフヒーリングを生活化している。

著書に、長年の無気力症克服の記録を綴った『怠けてるのではなく、充電中です。』(CCCメディアハウス)があり、日本、台湾、タイ、インドネシアなどで翻訳出版された。『死にたいけどトッポッキは食べたい』(ペク・セヒ著、山口ミル訳、光文社)、『ねこの心辞典』(未邦訳)など多数の本のイラストも描いた。

[訳者]

生田美保 Ikuta Miho

1977年、栃木県生まれ。東京女子大学現代文化学部、韓国放送通信大学国語国文学科卒。2003年より韓国在住。訳書に、ダンシングスネイル『怠けてるのではなく、充電中です。』(CCCメディアハウス)、ク作家『それでも、素敵な一日』(ワニブックス)、キム・ヘジン『中央駅』(彩流社)、ファン・インスク『野良猫姫』(クオン)などがある。

[装丁＋本文デザイン] 眞柄花穂、石井志歩(Yoshi-des.)　[校正] 円水社

적당히 가까운 사이

Copyright © Dancing Snail, 2020

Japanese translation copyright © 2020 by CCC Media House Co., Ltd.

Original Korean edition published by BACDOCI Co., Ltd.

Japanese translation arranged with BACDOCI Co., Ltd. through Danny Hong Agency and CUON Inc.

ほっといて欲しいけど、ひとりはいや。
寂しくなくて疲れない、あなたと私の適当に近い距離

2021 年 1 月 2 日　初　　　版
2022 年 6 月 24 日　初版第 4 刷

著者　　ダンシングスネイル
訳者　　生田美保
発行者　菅沼博道
発行所　株式会社 CCC メディアハウス
　　　　〒 141-8205 東京都品川区上大崎 3 丁目 1 番 1 号
　　　　電話 03-5436-5721（販売）
　　　　　　　03-5436-5735（編集）
　　　　http://books.cccmh.co.jp

印刷・製本　株式会社 KPS プロダクツ

©Miho Ikuta, 2021 Printed in Japan
ISBN978-4-484-20110-8
落丁・乱丁本はお取替えいたします。
無断複写・転載を禁じます。